Gebete

von Jugendlichen aus aller Welt

Inhalt

9 Danke
45 Lieber Gott, wenn es Dich wirklich gibt
47 Natürlich stellt uns Gott nur auf die Probe
48 Bete immer himmelwärts und nie nach unten
49 Ich glaube an Gott
51 Schweigen
53 Mach mich frei von meinen Ängsten
54 Ich bete nicht für Kranke
55 Gott, Du bist meine Hoffnung
57 Abends liege ich oft da
58 Gott, machmal musst Du mich anschieben
59 Herr, mein Traum
61 Gott, gib mir die Kraft
62 Ich vertraue Dir
63 Ey Gott, sei doch ehrlich
65 Lieber Jesus
66 Ich bete, wenn ich schlafe
67 Beten ist für mich wie Brot
69 Ich bete selbstsüchtige Gebete
71 Ich bete
72 Manchmal tust Du mir weh
73 Du bist immer in meiner Nähe
75 Beten ist eine Haltung
76 Ein Gebet ist ein Angstschrei
77 Ich wünschte, ich wäre Gesang
79 Ich bete, wenn ich liebe
80 Ich stehe hier in meinen Jeans
81 Gott hört zu
83 Für mich ist Schach
85 Wenn ich mit Dir rede
86 Herr, Jesus Christus
87 Einmal begegnete Mose einem Mann
89 Mein Gott, lass mich lange leben
90 Beten ist ein Erlebnis wie in Zeitlupe
91 Herr, wenn Du denkst

93 Ich habe nie das Bedürfnis verspürt
95 Gott. „Ich bete."
97 Trotz unzähliger Hindernisse
98 Singen erhebt mich
99 Lieber Gott, zeig uns, dass zu leben besser ist
101 Lieber Gott, ich danke Dir für diesen Tag
102 Wenn ich bete
103 Wenn ich mit Dir rede
104 Herr, wieder ist ein Tag vorbei
105 Danke, dass Du mir jeden Tag neue Kraft zum Glauben gibst
107 Unseren Gottesdienst feiern wir hier
108 Guter Gott
109 Lass mich nie vergessen
111 Mein Gott, hilf mir, mein Ziel zu erreichen
113 Und plötzlich finde ich dich
115 Mein schönstes Gebet
116 O Herr
117 Herr, Jesus, ich danke Dir
119 Ich kann nicht beten
120 Wenn Du mich retten willst
121 Guter Gott, erfrische uns
123 Ich habe lange nach Wundern gesucht
125 Gott, hilf uns zu glauben
126 Auf Dich kann ich bauen
127 Danke Vater für das Licht
128 Ich bete durch meine Arbeit
129 Endlich schließt sich der Kreis
131 Gemüse putzen
132 Mein vergebliches Gebet
134 Du bist wie ein warmer Wollhandschuh im Winter
135 Allmächtiger Gott
137 Ich habe meinen eigenen Glauben
139 Ein Gebet ist eine intime, persönliche Beziehung
141 Wir beten täglich

Danke.

Bitte.

Amen.

Simon Feyer, 20, Deutschland

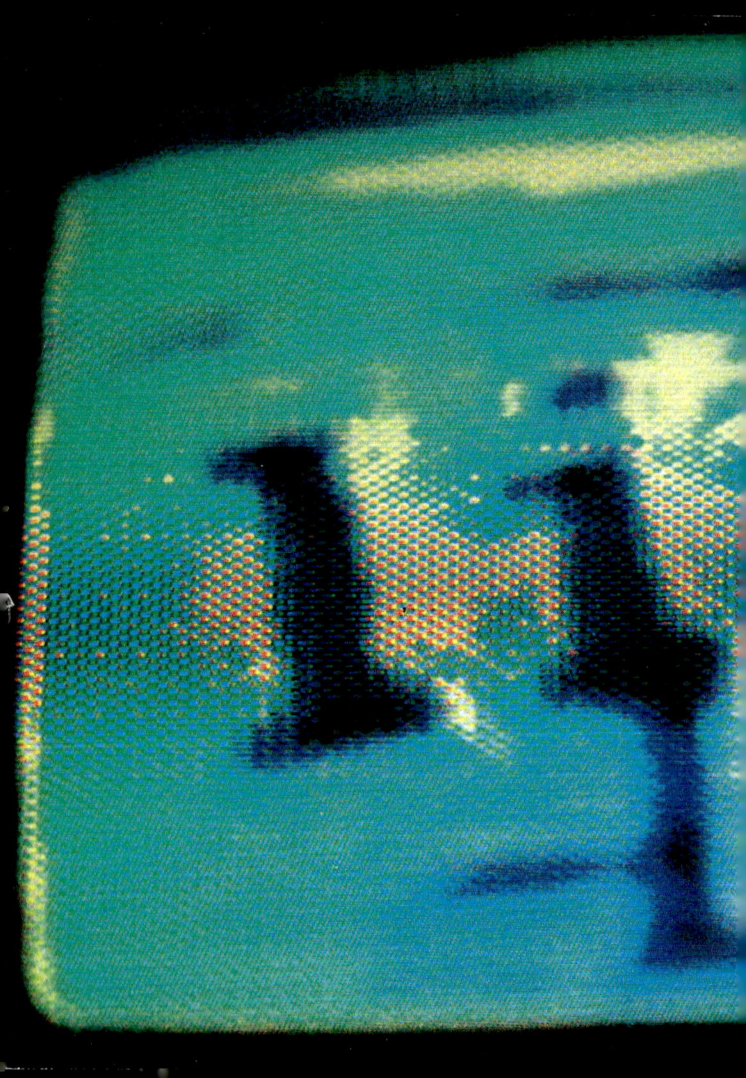

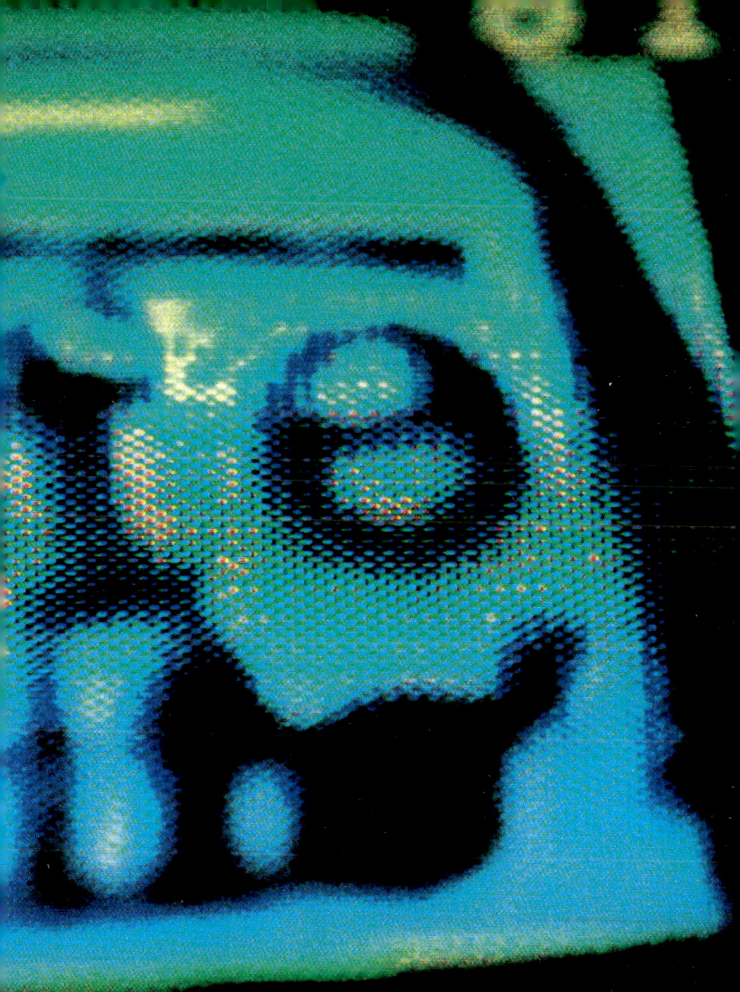

Micah Purnell, 22, UK

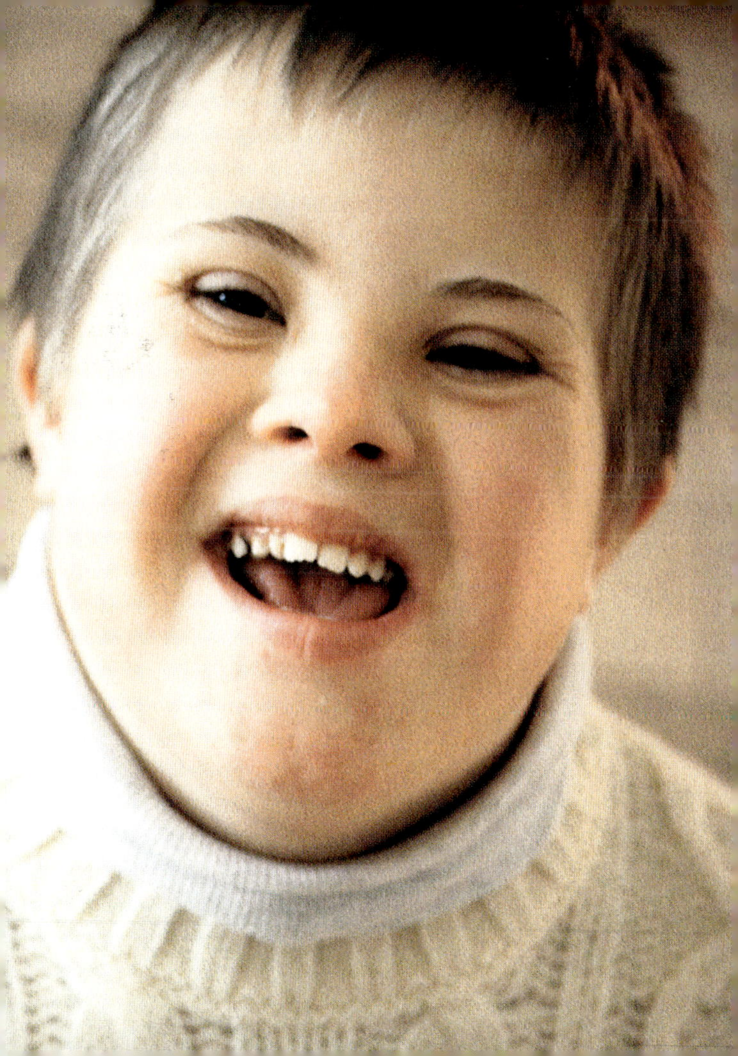

Guillermo Tragant, 26, Argentina

YOU CAN

Elisabeth Prescott, 20, USA

city prayer

Carla Oliviera, Portugal

Mia Cuckle, Bosnia

James Mollison, 26, UK

leven
hamafix
met
zelf
het
pijn.
aardse
nder jou moet do
neep mijn hand b
n een gevoel van
je bent mijn bro
lbedankt voor alle

Hans Gremmen, 23, The Netherlands

SIATE PER CREDERE
Amore
vita.
verità
luce.
fu
IC

Sara Rangogni, 23, Italy

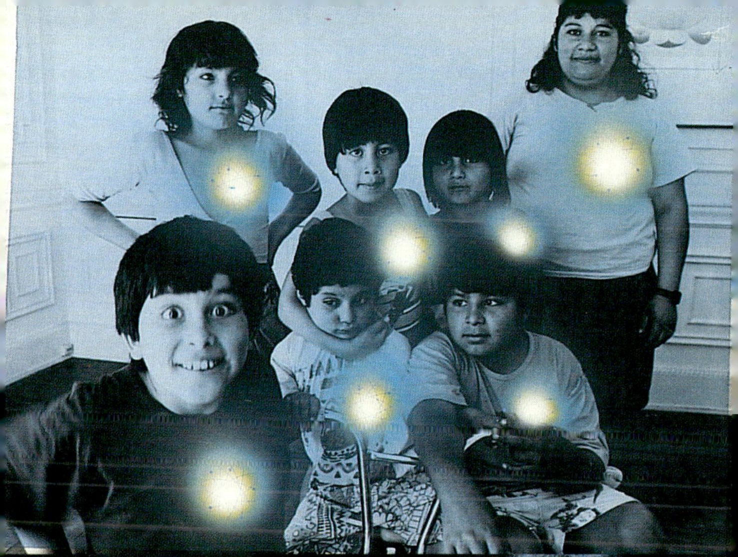

Paulo Russo, Argentina

p r

a y

Modic Milivoj, 19, Croatia

Roy García, Argentina

Stefano Colli, Spain

Lieber Gott,

wenn es Dich wirklich gibt,
komm zu uns auf die Erde.
Dann kannst Du Dir
diesen ganzen
Schlamassel
mal selbst ansehen.
Amen.

Johanna Paschinger, 15, Österreich

Jean Sebastian Lallemand, 26, France

Natürlich stellt uns Gott nur auf die Probe,
mit diesem vielen Platz, in dem man sündig leben kann.
Natürlich hat uns der Herr viel mehr zu sagen
als eine halb leere Flasche Gin.

Natürlich sollten wir uns zu Ihm flüchten
und Ihm nahe sein bis zu unserem Tod,
aber ich liebe Gott ganz anders;
anstelle von Gott liebe ich den vielen freien Platz.

Bluey Carson, 24, Australien

Bete immer himmelwärts und nie nach unten.
Bete lächelnd, nie im Zorn.
Bete im Hellen und im Dunklen.
Bete, wenn dich alle sehen
und auch, wenn niemand in der Nähe ist.

Lauren Berger, 11, USA

Ich glaube an Gott.
Ich gehe nie in die Kirche,
ich bin nicht gefirmt,
ich bete auch keine
Tischgebete mit meiner Familie.
Aber ich glaube an Gott.
Und ich bete.

Nadine Scholz, 13, Deutschland

Paolo Palma, 26, Italy

Schweigen, fühlen, wenig denken.

Andreas Grotz, Deutschland

~~you don't even fucking get it.~~

June 99

if theres a god
God isn't a man or a Woman.
i like the idea of talking to
Something i can't understand[redacted]. it's romantic
and frightening, but it does what it's supposed to,
it comforts me when i need it.
And what about friends? do they Pray?
[redacted]mine don't. (except one who is a christian and not agnostic
or just unsure.) At least, [redacted] they don't tell me if they do.
And what about everything else? if god made this,
i ask; why? [redacted]
i can't even know. i just think that you don't have
to know or to be what other people tell
you to be -
You don't have to be good or bad
or happy or sociable
and if praying helps me, then that's
fine - i'll talk.

natural things are pretty

[redacted]

words and [redacted].
images by adham - Yarmouth norfolk britain.

~~Soundtrack - atariteenageriot & ADDNtox~~

Adham Faramawy, 18, UK

Mach mich frei von meinen Ängsten,
von meiner Unruhe und meiner Nervosität,
von der Spannung, die auf mir lastet
und lass meine Seele einfach fliegen.

Diana Patricia Gamba, Kolumbien

Ich bete nicht für Kranke,
für Heimatlose oder für die Armen,
das mache ich nie, jedenfalls nicht mit Worten.
Ich knie nie in einer Kirche vor dem Altar
oder vor dem Schlafengehn an meinem Bett.

Ich gehe meinen Weg.
Ich lächle Unbekannten zu.

Daniela D'Argenio, 21, Italien

Gott,
Du bist meine Hoffnung,
der Fels, auf dem mein Glaube ruht.
Danke für die Fülle des Lebens.
Danke für die Liebe, die Du gibst.
Danke für die Hilfe, die Du gewährst.
Danke für das Glück, das Du schenkst.

Miriam Gensowski, 17, Deutschland

Katie Grant, 22, UK

Abends liege ich oft da, stelle mir vor, wie schön der nächste Tag sein könnte und frage mich, ob wenigstens ein kleiner Teil meiner Träume wahr wird.
Ich bete selten für die, die weniger glücklich sind als ich und in Ländern leben, in denen Krieg herrscht oder Armut. Ich bin sicher, dass das ohnehin schon genug Leute tun, und mein Gebet wäre überflüssig.

Sonia Visentin, Italien

Gott,
manchmal musst Du mich anschieben,
gelegentlich stützen oder sogar tragen.
Oft spüre ich, wie Du mich sanft zu bremsen versuchst,
oder mich auf den richtigen Weg lenkst.
Ich weiß, dass Du da bist, sicher.
Deshalb vertraue ich Dir und fühle,
dass Du mein Vertrauen erwiderst.
Lieber Gott, ich danke Dir,
dass Du mich so nimmst wie ich bin.

Romy Blickle, 19, Deutschland

Herr, mein Traum ist, aufzusteigen
und zu fliegen durch Zeit und Raum.
Ich bitte Dich, mir Deine Augen zu leihen
und mit ihnen mein Leben zu betrachten,
um das Geheimnis Deines Willens zu durchschauen.
Aller Gedanken und Vorstellungen entleert
würde ich ausschließlich zum Werkzeug Deines Willens
und zum Samen Deiner unendlichen Liebe.

Celeste Pilar Espeche, 24, Argentinien

Gott,
gib mir die Kraft,
nicht zu verzagen und immer auf Deine Liebe zu vertrauen.
Gib mir die Kraft, jeden Tag auf Deinem Weg zu gehen.
Komm mit dem heiligen Geist,
durchfließe mich mit Deiner Liebe,
damit ich Deine Liebe weitergeben kann.
Lass mich ein Fenster sein,
durch das Dein Licht in die Welt scheint.

Miriam Gensowski, 17, Deutschland

Ich vertraue Dir.

Auch wenn ich Deine Liebe nicht verstehen kann,
wird sie ewig sein, denn wir haben Dein Wort.
Auch wenn es das Wort eines Heilers ist,
ist es mehr wert als das der Schlächter hier unter uns,
die über den Einzelnen hinwegsehen, uns belügen und
bespritzen mit ihrem Dreck.

Denn wenn die Seele durch unsere Augen spricht,
kann sie auch mit einem Blick küssen.

Jesus David Morente Sanchez, 22, Spanien

Ey Gott, sei doch ehrlich:
Glaubst Du noch an mich?
Gibt's das ewige Leben wirklich?
Oder ist es nur ein schwarzes Loch?

Ey Gott, gib's doch zu:
Du willst doch auch nur Deine Ruh.
Ist Dir denn egal, was ich tu?
Warum stehst Du da und schaust nur zu?

Yvonne Fodor, 19, Deutschland

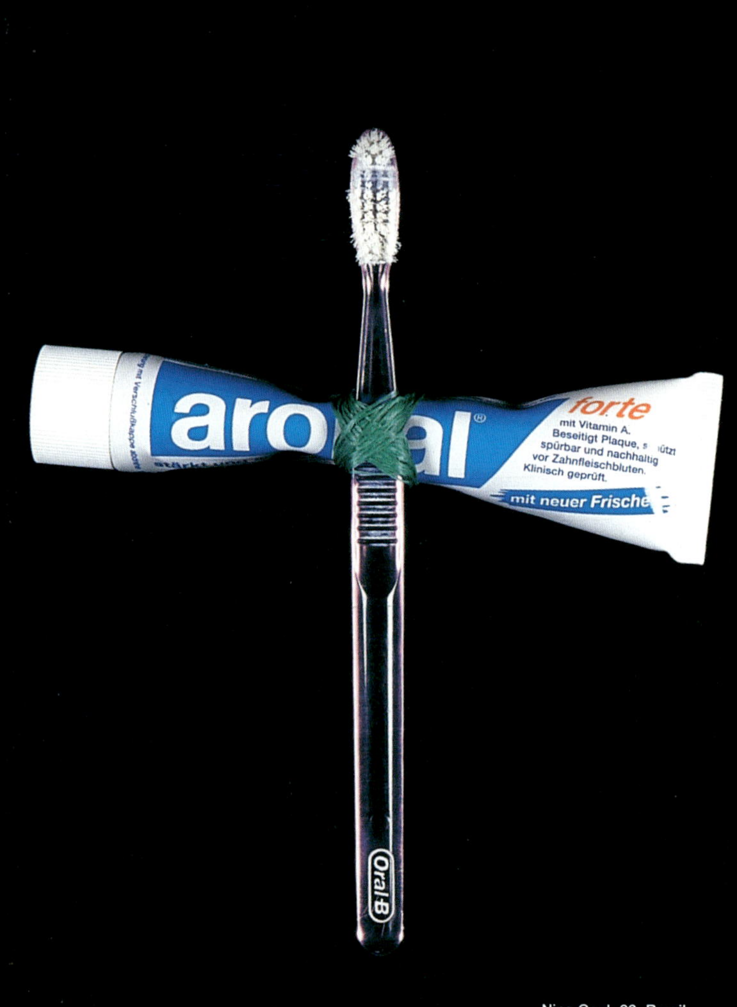

Nina Gaul, 23, Brazil

Lieber Jesus,
ich danke Dir für alles,
was Du bis jetzt für mich getan hast,
vielen herzlichen Dank.
Schön wär's,
wenn Du mir helfen könntest,
gesund zu bleiben.
Wenn Du mir hilfst,
danke ich Dir,
wenn nicht,
danke ich Dir trotzdem.
Danke,
Entschuldigung
und gute Nacht.

Nina Gaul, 23, Brasilien

Ich bete, wenn ich schlafe. Dann kehrt meine Seele zurück an Orte, wo ich als Kind kichere und herumhüpfe und mit meinem Hund, einem Freund, meinem Vater auf einer Wiese herumtobe. Honig tropft mir über die Hand und fließt in den blonden Flaum auf meinem schmalen Kinderarm. Mir fehlen beide Schneidezähne, und ich stecke die Zunge in die Löcher, wo schon die neuen Zähne durchkommen – ein köstliches Gefühl. Und ich bete darum, dass mir nach dem Aufwachen noch ein Fetzchen dieser Unschuld bleibt, die in der Erwachsenenwelt die Macht besitzt, mich vor dem Gift der Erwachsenen zu schützen. Meine Seele betet, im Geheimen, ohne dass mein Körper es merkt.
Ich bete um ein Lächeln wie goldener Sonnenschein.

Keri Welham, 23, Australien

Beten ist für mich wie Brot.
Ich brauche es, um ruhig zu bleiben
und um zu wissen: Ich bin nicht allein.

Barbara Slade, 20, Kroatien

Eve Gabriel Chan, 23, UK

Ich bete selbstsüchtige Gebete, Gelegenheitsgebete, Einweggebete, materialistische Gebete. Es sieht aus, als fühlten sich immer weniger Menschen durch Gottes Liebe angesprochen. Heute sind wir Nike, Coca-Cola, Sony und ihren Produkten treu, die uns Reichtum, Status und Macht versprechen.
Ich bete nicht für den Weltfrieden oder das Ende des Hungers auf der Welt oder danke für irgendetwas.
Ich bete darum, das richtige Kleid in meiner Größe zu finden, im Lotto zu gewinnen oder nicht zu spät zu kommen.

Carol Blake, 24, England

Ich bete,

und es ist, als ob ich eine unterbrochene Unterhaltung wieder aufnähme.

Federica Rizzi, 20, Italy

Manchmal tust Du mir weh,
wenn ich mit Dir spreche.
Du verletzt mich mit Deiner Liebe,
weil Du mich ändern möchtest
und mich befreien willst
von meinem Egoismus.

Rena Stenzel, 20, Österreich

Du bist immer in meiner Nähe
und hörst mir einfach zu.
Oft bekomme ich eine Antwort von Dir.
Ich kann sie nicht hören, aber ich spüre sie:
in dem tiefen Frieden in mir,
in der Ruhe, die mich überkommt,
und in der Gewissheit,
eine richtige Entscheidung zu treffen,
weil ich in mich und somit auf Dich gehört habe.

Monika Gaar, 21, Deutschland

Beten ist eine Haltung gegenüber Gott –
eine Haltung der Offenheit,
der Erwartung, der Liebe und Sehnsucht.
Vielleicht ist Gebet auch ein Zustand.

Andreas Grotz, Deutschland

Ein Gebet ist ein Angstschrei, in schöne Worte gefasst.
Ich bete nur nachts in meinem dunklen Zimmer, wenn ich an den nächsten Tag denke. In solchen Augenblicken überkommt mich plötzlich die Angst: Angst, dass meine Neffen und Nichten von einem Wahnsinnigen entführt werden oder meine Geschwister mich allein zurücklassen könnten.
Und dann bete ich, dass ich so glücklich leben könnte, als hätte ich dieses nie gedacht.

Tien Minh Pham, 25, China

Ich wünschte, ich wäre Gesang, um dir zu sagen, was ich fühle, denke und glaube. Ich wünschte, ich wäre Wind und würde zu einem Sturm. Ich wünschte, ich wäre Feuer, um dich zu verbrennen und könnte deine Ketten schmelzen. Ich wünschte, ich wäre Erde und könnte deine Schritte lenken. Ich wünschte, ich wäre Wasser. Ja, Wasser. Reines, frisches, kaltes Wasser, das den Schlaf vertreibt.

Ich bete.

Ich gebe alles her, was ich habe: Ich gebe es dem zurück, der es mir geschenkt hat. Ich strecke Ihm mit meinen Armen eine Schachtel entgegen, darin sind mein Körper, meine Seele und mein Herz, denn sie sind sein. Auf der Schachtel liegt ein Zettel. Darauf steht eine Botschaft der Seele für meinen Herrn, in großen, glänzenden Buchstaben: „Mächtiger Herr, ich brauche nichts. Sei Musik, Wind, Feuer, Erde und Wasser für den, der dies liest, damit er ein Teil meines Glaubens wird."

Esteban Sanchez, Spanien

Ich bete, wenn ich liebe. Die, die zum Beten in Kirchen, Tempel oder Moscheen gehen, machen nur ihrem schlechten Gewissen Luft. Das hat für mich mit Beten nichts zu tun.

José Gomez, 21, Spanien

Ich stehe hier in meinen Jeans
mit geballten Fäusten
und einem gebrochenen Herzen.
Ich schweige und bitte Dich um nichts,
aber halte meinem Blick stand!

Valentina Pantano, Italien

Gott hört zu. Er ist immer da. Er ist wahrscheinlich der beste Zuhörer, den es überhaupt gibt. Denn du kannst solange du willst, Sekunden, Minuten oder auch Stunden beten. Gott wird immer Zeit für dich haben. Du kannst ihm alles, aber auch alles anvertrauen, er wird es immer für sich behalten. Und er kann auch nichts Falsches sagen. Er kann dich nicht beleidigen und du kannst ihn nicht beleidigen.

Nadine Scholz, 13, Deutschland

Tamano Tetsuya, 27, Japan

Für mich ist Schach das, was Religion am nächsten kommt. Die meisten Religionen haben exakte Regeln, nach denen man leben soll, die aber oft ungenau und bald veraltet sind. Schach dagegen lehrt uns denken. Was könnte heiliger sein?

Jason Lentz, 24, USA

HOLY BIBLE
NEW REVISED STANDARD VERSION
HOLY BIBLE

Wenn ich mit Dir rede, fallen alle Fesseln des grauen Alltags ab – ich beginne Deinen bunten Pinselstrich im Alltagstrott zu sehen.

Rena Stenzel, Österreich

Herr,
Jesus Christus,
Du bist wie ein Faden in meinem Leben,
an dem ich mich orientiere,
wenn ich mich verlaufen habe.
Wie ein Tau,
das mich vor dem Abgrund schützt.
Manchmal stark und unbeugsam,
dann wieder zart und verletzlich
wie der Faden eines Spinnengewebes.
Fäden,
die mich umfassen,
erheben,
anketten,
aber nicht eingrenzen.
Sie geben mir Halt,
sind aber lose genug,
mich meinen eigenen Weg gehen zu lassen,
nie aber allein.
Herr, hilf mir!
Lass den Faden von mir zu Dir nie reißen!

Inge Gnau, 21, Deutschland

Einmal begegnete Mose einem Mann, der ein seltsames Gebet sprach. Der Mann sagte: „Lass mich in Deiner Nähe leben, oh Herr, und ich verspreche Dir, ich reinige Deinen Körper, wenn Du Dich beschmutzst, und entlause Dich, solltest Du Läuse haben. Und ich bin ein guter Schuhmacher, ich mache Dir wunderbare Schuhe. Du hast niemanden, der sich um Dich kümmert, Herr – ich werde mich um Dich kümmern! Wenn Du krank wirst, werde ich Dich umsorgen und Dir Medikamente holen. Außerdem kann ich sehr gut kochen!“ Mose schrie: „Das reicht, Schluss mit diesem Unsinn! Was sagst Du da? Gott hat Läuse? Seine Kleider sind schmutzig, und Du willst sie waschen? Und für ihn kochen willst Du auch? Wer hat dir dieses Gebet beigebracht?“ Der Mann antwortete: „Niemand. Ich bin arm und weiß nicht, wie man betet. Das Gebet habe ich mir ausgedacht, und ich spreche über Dinge, über die ich etwas weiß. Ich hasse Läuse und glaube, Gott würden sie auch stören. Oft esse ich Verdorbenes und kriege davon Bauchweh. Gott bekommt bestimmt auch hin und wieder Bauchweh. Ich mache Erfahrungen, und sie sind zu meinem Gebet geworden.“

 Jacopo Derossi, Italien

Betta, Italy

Mein Gott,
lass mich lange leben,
um Dich zu ehren
und Dir zu danken
für die Krone der Sonnenstrahlen,
die Du uns so großzügig schenkst,
für die Mutter, die Du mir gegeben hast,
für die Liebe, die von Dir kommt
und für die, die sie an mich weitergeben.
Ich flehe Dich an,
lass Tsakmis
noch einmal ein Konzert
in Serres geben.
Und vor allem, schütz Christodoulos,
er ist mir sympathisch.

Schlaf gut, und denk an mich.

Viky Eleftheriadou, 17, Griechenland

Beten ist ein Erlebnis wie in Zeitlupe, unzählige Lichtpunkte wie Nadelstiche hinter geschlossenen Lidern.

Vater Unser – jemand, der sich kümmert.
Im Himmel – hoffen wir jedenfalls,
sonst endet alles hier unten.
Geheiligt werde dein Name – so oft habe ich ihn gedankenlos
benutzt: O Gott, Allmächtiger, heiliger Himmel,
Du großer Gott, auch Du, liebe Muttergottes.

Manchmal werden Gebete zur Gotteslästerung und
Gotteslästerungen zum Hilferuf.

Rebecca Palmer, England

Herr, wenn Du denkst, dass ich mich bei meinen Missetaten zu ernst nehme, dann mach mir Vorwürfe, denn ich scherze gerne ... und wenn Du Hilfe brauchst, weißt Du ja, wo Du mich finden kannst. Ich danke Dir für alles. Ich hoffe, ich habe nicht zu viel verlangt – Du hast wahrscheinlich wahnsinnig viel zu tun.

Claire Anne Archawski, 27, USA

HORIZON
C U B

Ich habe nie das Bedürfnis verspürt, Persönlichkeiten wie Elvis, Napoleon, Mozart oder Diana Spencer anzubeten, auch wenn sie von vielen verehrt werden, als wären sie Teil ihres Glaubens oder sogar noch mehr. Die Leute unternehmen wahre Pilgerfahrten zu ihren Häusern und Gräbern und erbitten alles Mögliche. Die Menschen haben ja schon immer zu ihren Toten gebetet.

Jedem von uns kann jederzeit alles Mögliche passieren, deshalb beten wir seit Jahrhunderten, dass uns nichts zustößt. Allerdings möchte ich dann gerne eins wissen: Die Menschen, die jeden Tag bei Autounfällen umkommen oder die, die für den Rest ihres Lebens im Rollstuhl sitzen müssen oder mit zwanzig an Krebs sterben, haben die denn nie gebetet?

Claudia Babic, 23, Italien

Gott.

Gott?

Gott!

Gott …

Gott:

Gott,

„Ich bete.“

„Ich bete.“

„Ich bete.“

„Ich bete.“

„Ich bete.“

„Ich bete.“

Ich bete, weil es auf Erden Satzzeichen gibt.

Nil Karaibahimgil

Francesca Sanlorenzo, 25, Italy

Trotz unzähliger Hindernisse und Schwierigkeiten
hast Du, Vater, mir geholfen und mich stark gemacht.

Edwin Santiago Orquera Vega, 18, Ecuador

Singen erhebt mich und ist deshalb mein ganz besonderes Gebet. Es gibt mir das Gefühl, einzigartig zu sein und gleichzeitig wie alle anderen. Wenn ich singe, stelle ich mir keine Fragen oder suche nach Antworten, ich lasse mich einfach gehen.

Singen hat etwas Willkürliches, genau wie Beten, und ist wahrhaftiger, wenn man nicht vorher darüber nachdenkt: In die Geheimnisse des Glaubens kannst du dich versenken.

Ich singe und ergebe mich der Größe eines zarten Ausdrucks, der selbst auch zum Geheimnis wird. So bete ich. Manchmal schüchtern, dann wieder unverschämt, wie der wechselfarbige Mond an Sommerabenden.

Maria Luisa Bellopede, 20, Italien

Lieber Gott,
zeig uns, dass zu leben besser ist als nur zu überleben
und dass ein Augenblick nicht das ganze Leben ist,
sondern das ganze Leben nur ein kurzer Augenblick.
Wir haben manchmal Angst,
manchmal glauben wir, wir seien unsterblich,
aber tatsächlich sind wir schon Engel.

Samuela Mattiolo, 24, Italien

Karen Mc Causland, 27, Nothern Ireland

Lieber Gott,
ich danke Dir für diesen Tag,
für die Tage, die ich schon erleben durfte
und die, die ich noch erleben werde.
Denn Du bist bei mir, jeden Tag,
ob ich gesund oder krank bin,
ob ich fröhlich oder traurig bin.
Du glaubst an mich, und ich glaube an Dich.

Franziska Martin, 13, Deutschland

Wenn ich bete, dann schließe ich meine Augen und gehe in meinem Kopf durch, was ich ihm sagen würde, wenn er vor mir stehen würde. Das spreche ich nicht Wort für Wort; es sind nur meine Gedanken. Wenn ich damit fertig bin, folgt „Amen“. Das darf ich nie vergessen. Für mich ist das Amen so etwas wie ein Knopfdruck. Ich habe meine Rede an Gott fertig und dann – klick – jetzt ist sie fertig, jetzt wird sie abgeschickt, jetzt kann er es sich noch einmal anhören. Zwar ist Gott bei meinem Gebet dabei, aber nach dem Amen kann er es sozusagen noch einmal durcharbeiten und schließlich entscheiden oder etwas daraus machen.

Nadine Scholz, 13, Deutschland

Wenn ich mit Dir rede,
lässt Du mich in Deine Augen
Deiner bedingungslosen Liebe
und Gnade sehen.
Du zeigst mir,
wie Du die Menschen siehst
und wie ich sie lieben kann.

Rena Stenzel, 20, Österreich

Herr,
wieder ist ein Tag vorbei.
Ich blicke auf ihn zurück und stelle fest:
Ich habe ihn nicht voll genutzt.
Ich war undiszipliniert, ließ mich ablenken,
ich war faul, bequem und untätig.
Vergib mir, dass ich die Zeit
oft ungenutzt verstreichen ließ.
Hilf mir, dass ich bewusst im Heute lebe.

Laura Sivalli, 17, Italien

Danke, dass Du mir jeden Tag neue Kraft zum Glauben gibst.
Danke, dass Du mir jeden Tag Mut zum Weitermachen gibst.
Danke, dass Du mir ein neues Gefühl
für das Leben gegeben hast.
Danke, dass Du so bist wie Du bist.

Christiane Eggert, 15, Deutschland

Unseren Gottesdienst feiern wir hier, auf der Tanzfläche. Das Parkett ist unser Allerheiligstes und das Wort Gottes liegt im Geschmack des Schweißes. Wir versammeln uns zu den Texten der Lieder. Einfach, kraftvoll, ätherisch und wahr. In ihrer Bedeutung erkennen wir unser Spiegelbild, in dem wir uns noch einmal spiegeln, um dem Paradies etwas näher zu kommen. Im Rhythmus sprechen wir mit Gott. Gott antwortet auf die gleiche Weise.

Tanzen, das ist wie eine Droge. Das unersättliche Hinstreben zum Kosmischen. Ausgetrocknet, erschöpft, der Ohnmacht nahe, gemeinsam im gleichen Rhythmus tanzend, gesegnet. Das zuckende Licht ist nur das Blinken des Sterns von Betlehem, der Rauch über dem Boden eine Wolke über Noahs Kopf.

Das Echo in unserem Unterbewusstsein ist das einer uralten Zunge, die wir nie gelernt und nie vergessen haben. Sie ist gespalten und schlängelt sich um den Baum der Erkenntnis. Dessen Wurzeln sind tief und entspringen dem Herbstmond. Unter der Erde liegt die Frage, die wir stellen.

Und doch wartet die Erkenntnis auf jeder gespaltenen Zunge im Raum. Ihre Worte gehen über uns hinweg als wir entdecken, dass wir nie richtig im Takt waren. Das wahre Wort Gottes wird nie gesprochen, geschrieben oder vernommen werden, solange wir nicht zusammen sind.

Mikkel Dreyes, USA

Guter Gott,
gib mir Kraft,
gib mir Verstand,
gib mir Verständnis.

Maxi Maria Hoffmann, 17, Deutschland

Lass mich nie vergessen,
dass Du immer da bist,
immer bereit
für mein Gebet.

Martina Schrott, 19, Deutschland

Mein Gott,
hilf mir,
mein Ziel zu erreichen.
Lass meinen einzigen
Traum wahr werden.

Du weißt schon welchen.

Zhoi Viki, 18, Griechenland

Und plötzlich finde ich Dich wieder:
verschüttet in der Ruine meines Herzens,
aber doch noch in mir.

Martina Schilling, Deutschland

Kyoko Sudo, 23, Japan

Mein schönstes Gebet ist,
meinen Bruder zu sehen,
jeden Morgen,
jeden Abend,
und immer wieder.

Meinen Bruder,
den die anderen *Down* nennen.

Cristina Del Sal, Italien

O Herr,
tausend Jahre haben wir gebraucht,
um Dich zu finden,
noch mal tausend Jahre,
um Dich zu verstehen.
O Herr,
gib, dass wir die nächsten tausend Jahren
damit verbringen,
Dir zu folgen.
In Frieden wollen wir Dir folgen,
in gegenseitigem Einvernehmen,
in Liebe.
Amen.

Elsa Bontempi, 14, Italien

Herr, Jesus,
ich danke Dir,
dass Du für mich gestorben bist,
dass Du Dich um mich sorgst,
dass ich keine Angst vor der Zukunft zu haben brauche.
Ich danke Dir,
dass Du mich kennst und liebst.

Velimir Milenkovic, 21, Deutschland

Bill Galonis, Greece

Ich kann nicht beten.
Gebete kommen mir nicht in den Sinn,
da ist nichts zu machen.
Ich habe kein Gefühl für Ewigkeit.
Falsche Götter haben mir die Seele gestohlen.
Und mir nichts gelassen, ich bin alleine und leer.
Ich habe nur sie, Götter, die mich verschlingen:
Drogen, Alkohol, Fernsehen, Computer –
das Allerheiligste unserer Gesellschaft.
Ich schließe die Augen und suche nach Frieden,
versuche, den dämonischen Lärm zum Schweigen
zu bringen, die wilde Hatz meines Verstands.
Lasst uns gemeinsam beten,
wir haben nicht mehr viel Zeit.

Louise Clark, 24, England

Wenn Du mich retten willst, nimm meine Hand und führe mich dorthin, wo Du mein Paradies vermutest. Auch wenn der Weg weit ist, werde ich nicht ermüden; wenn es Hindernisse gibt, werde ich sie überwinden; wenn der Preis hoch ist, werde ich ihn bezahlen; wenn es die Hölle ist, lass mich lieber hier. Er ist nicht ungerecht: Er hört einfach nicht alle Gebete. Sie müssen Rhythmus haben, es muss Freude darin sein, Hoffnung. Etwas, das ihn berührt und über Klagen und Betteln hinausgeht. Er hat keine Lust mehr auf abgedroschene Phrasen und wünscht sich Gebete wie die eines kleinen Kindes: aus dem Herzen und rein.

Dina Hormova, Griechenland

Guter Gott,
erfrische uns,
wenn wir starrsinnig
und verbohrt eine Sache betrachten
oder müde aufgeben wollen.
Lass Deine Worte in uns sprudeln.
Gib uns Frische in jeder guten Tat.
Schenk uns den Durst nach Deinem Wort.

Christopher Hoffmann, 14, Deutschland

Chiara C., 2°B

CHE COSA È
PER TE
LA ~~FELICITÀ~~ PREGHIERA?

Per mé la preghieghieghiera é
la felicita del mondo intero

Chiara, 8, Italy

Ich habe lange nach Wundern gesucht und war enttäuscht davon, keines gefunden zu haben, das mich überzeugen könnte. Aber dann sah ich es, das einzige Wunder, das immer und überall existiert, das mich umgibt und das ich völlig übersehen hatte. Es existiert hier unter diesem Himmel, brennt in einer Kerzenflamme, wandelt und formt unsere Körper. Das Leben.

Francesca Gelmini, 18, Italien

Gott,
hilf uns zu glauben
an uns,
kleine Abbilder
von Dir selbst,
und gib uns Frieden.
Amen.

Tiziano Fusillo, 20, Italien

Auf Dich kann ich bauen,
Du lässt mich nicht allein.

Dir kann ich vertrauen,
Du hintergehst mich niemals.

An Dir brauche ich nicht zu zweifeln,
Du trägst mich auf Deinen schützenden Händen.

Zu Dir kann ich mich flüchten,
Du schenkst mir Wärme und Geborgenheit.

Regina Kühnle, 16, Deutschland

Danke, Vater, für das Licht,
das ich in einem liebgewonnenen Menschen aufflackern sehe.

Danke, Vater, für die Kraft,
die dunkle Erlebnisse in verblassende Bilder verwandelt.

Danke, Vater, für die Hoffnung,
deren winziger Funke sich beim Festhalten Deiner Hand
in ein loderndes Feuer verwandelt.

Isabell Kuhn, 19, Deutschland

Ich bete durch meine Arbeit, die Kunst.
Eindringliche Gebete darum,
dass mir die Technik
grundlegende Fragen beantwortet.
Technoheidnische Gebete.

Lorella Mussoni, San Marino

Endlich schließt sich der Kreis –
es gibt kein Leben ohne Tod.
Ich hoffe nur, er kommt nicht gerade heute.
Hab Erbarmen mit mir.
Hab Erbarmen mit uns.

Nicoletta Frigeni, 22, Italien

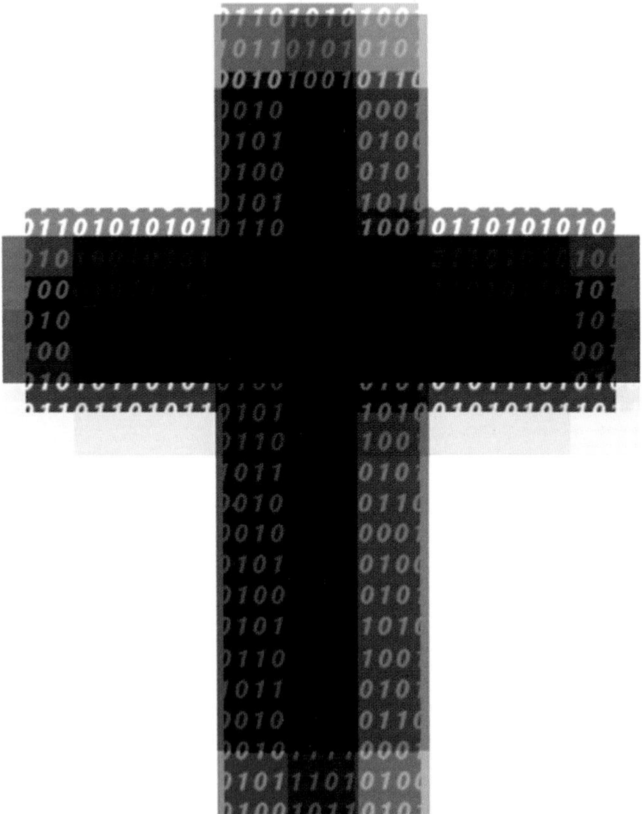

Michael Jakab, 23, USA

Gemüse zu putzen und zu immer kleineren, präziseren Stückchen zu schneiden ist für mich das, was einem Gebet am nächsten kommt. Da kommt Yoga nicht mit: Du stehst alleine da, mit dem Gemüse und deinem Aperitif, und kannst nachdenken und für alles danken, was du hast. Karotten werden zu kleinen Fischen geschnitten, Zwiebeln zu Chrysanthemen, Porreestangen so, dass sie sich oben öffnen wie Blüten. Am Ende läuft alles darauf hinaus (aufs Gemüse? die Fischchen? Liebe?).
Es ist banal, wahr, und vielleicht traurig. Maismehl kneten, das von einer Pflanze kommt, die mit ihren Wurzel das Beste tief aus der Erde gesaugt hat (die Asche, die wir einmal waren und zu der wir wieder werden, das birgt tiefe Mystik in sich und Sinnlichkeit). Wie aus einem Ei Mayonnaise wird: es wandelt sich, wird vermischt mit der Energie, dem Rhythmus, der Sorgfalt; etwas zubereiten, das zweifellos auf unglaublich instinktive und sexuelle Weise wahrgenommen werden wird von der Person, für die du kochst und das in die geheimsten Teile seines Körpers herabsinken und eins werden wird mit ihm selbst. So ist es.

Mein vergebliches Gebet.

Jeden Abend, in jeder Minute des Tages, in jedem Augenblick der Verzweiflung bete ich zum Allmächtigen, zu Gott, dem großen Geist oder wem auch immer, ich bete zu diesem Herrn, an den ich inzwischen nicht mehr glaube, dem ich nicht länger traue. Ich bitte diesen Herrn, mich sterben zu lassen. „Stirb, stirb, stirb und wach nie wieder auf." „Stirb, stirb, stirb und wach nie wieder auf." Das wiederhole ich mir, wie ein Wiegenlied, jeden Abend. Und jeden Morgen wache ich auf und leide weiter. Ich sage dieses Gebet nun schon seit vier Jahren und lebe immer noch. Das beweist, dass Gebete absolut nichts wert sind und dass der Herr, sollte es ihn geben, boshaft und grausam ist. Ich glaube, dass mein Tod mein Ende ist, das Ende meiner Leiden und ich hoffe inständig, dass es tatsächlich nur ein Ende ist und nicht etwa der Anfang von etwas anderem. Darum bete ich, und daran glaube ich. Eines Tages werde ich des vergeblichen Betens und Wartens überdrüssig werden und dann, vielleicht nur für einen Augenblick, werde ich nur an mich selbst glauben und nur zu mir selbst beten. Ich werde um die Kraft beten, mich für immer von meinen Schmerzen zu befreien. Ich werde glücklich sterben, in der Hoffnung, dass es weder Reinkarnationen noch ein ewiges Leben gibt. Vielleicht versteht ihr nichts von dem, das ich euch geschrieben habe. Für euch sind meine Worte sinnloses Gekritzel, unverständlich, aber ihr wisst nichts von mir und meinem Schmerz, und ihr werdet nie etwas darüber wissen. Vielleicht werdet ihr an meinen Brief denken, wenn ihr in der Zeitung von einem jungen Menschen lest, der sich das Leben genommen hat.

Und ihr könnt nichts dagegen tun, genauso wenig wie ich, die ich machtlos bin gegen meinen Schmerz. Sogar meine Gebete sind vergeblich, genau wie eure, aber glaubt und betet ruhig fröhlich weiter, und ich leide weiter, Tag um Tag, an dieser Krankheit, die mich verschlingt: Depression.

Meinen richtige Namen verrate ich euch nicht, denn ich habe euch Dinge geschrieben, die ich nie jemandem gesagt habe: vielleicht aus Angst, vielleicht, weil das auch nichts ändern würde. Ich bin 22 Jahre alt und bitte euch, den jungen Leuten zu helfen, die an derselben Krankheit leiden.
Diese letzten Zeilen sind mein Gebet.

Selene, 22, Italien

Du bist wie ein warmer Wollhandschuh im Winter.
Du bist wie ein gutes Buch:
auf jeder Seite eine Überraschung.
Du bist wie ein riesiges Taschentuch,
in das ich meine Tränen vergießen kann.

 Monika Gaar, 21, Deutschland

Allmächtiger Gott
hilf mir, nicht mit dem Strom zu schwimmen,
nur, weil das einfacher ist.

Miriam Gensowski, 17, Deutschland

Guillermo Tragant, 26, Argentina

Ich habe meinen eigenen Glauben, Ich gehe oft in den Tempel des Shoppings, in dem ich meine Kreditkarte opfere und dafür schöne Gegenstände erhalte, die mir den Weg durchs Leben erleichtern. Wenn aber aller Plunder nichts gegen meine innere Spannung ausrichten kann, wende ich mich an den Gott meiner Phantasie.
Jemand, der behauptet, überhaupt keinen Gott anzubeten oder keinem Glauben anzugehören, lügt.
Frag ihn nach seiner Lieblingsfußballmannschaft, und du hast seinen Gott gefunden.

Kate Lockart, 21, England

Andrew Townsend, 22, England

Ein Gebet ist eine intime, persönliche Beziehung zwischen Ihm und mir, dem Mikrokosmos und dem Makrokosmos, die sich im Omegapunkt kreuzen.

Wir beten täglich,
auch wenn wir einfach
nur sagen:
„O Herr, wer immer Du
auch bist, ob Du
existierst oder nicht oder
einfach nur als Gedanke
unserem Verstand
entspringst,
segne auch mich.“

Roberta Lunardi, Italien

„Beten" ist ein Projekt der Edizioni San Paolo S.r.l.,
Fabrica und der Pattloch Verlag GmbH & Co. KG, München.

Kreativer Leiter: Oliviero Toscani

Zusammengestellt von:
Renzo di Renzo (Texte)
Guillermo Tragant (Bilder und Design)

Vielen Dank an:
Franca Tubiana, Nicoletta Melito, Omar Vulpinari,
Elisabetta Prando, Paolo
Landi, Antonio Tarzia, Studio Intra.

Einen besonderen Dank an alle jungen Leute aus der ganzen Welt,
die uns Texte und Material zugeschickt haben.
Es war leider nicht möglich,
alle Einsendungen in die Sammlung aufzunehmen.

Fotos auf Seite 16, 22, 24, 38, 60, 74, 78, 84, 92, 106, 112
von Oliviero Toscani

Titelfoto von James Mollison (Fabrica)

Foto auf Seite 6 mit freundlicher Genehmigung von Jean Pierre Hallet
von The Pigmy Fund. Von den 22 Kindern auf dem Foto leben heute
nur noch drei. Bitte helft den Pygmäen mit einer Spende
an The Pigmy Fund, P.O. Box 277, Malibu, CA 90265, USA

Die Deutsche Bibliothek - CIP-Einheitsaufnahme
Beten. München : Pattloch, 2000
ISBN 3-629-01083-0

ISBN 3-629-01083-0

Printed in Italy